아임
파인

I'm Fine!

아임 파인

I'm Fine!

오오카와 류우호오 지음

가림출판사

© 2008 by Ryuho Okawa
Korean translation © HAPPY SCIENCE 2008
Original title: "I'm Fine!"
First published in Japan in 2008 by IRH Press Co., Ltd.
All rights reserved.

책머리에

 행복의 과학사에서 출간한 「커피 브레이크」와 「티타임」에 이어서 올해는 「아임 파인」을 출판하였습니다.
 필자가 직접 말하기는 쑥스럽지만, 이 책은 '보물의 창고'입니다. 초등학생부터 100세 할아버지, 할머니, 비즈니스맨, 직장 여성, 주부, 경영자에 이르기까지 모든 사람이 읽어 주셨으면 하는 책입니다.
 지금까지 자기계발 분야의 책은 서양에서 발행된 것이 주류였지만, 본서는 지금 세계 차원에서 종파(宗派)를 넘고 민족을 넘어서 필요하다고 간주되는 사상을 알기 쉽게 서술하였습니다.
 만약 학교에서 도덕의 부독본(副讀本)으로라도 사용해 주신다면 집단 시달림, 폭력, 비행, 범

죄, 자살 등이 격감해질 것을 확실합니다. 학생들의 성격도 좋아지고 학력도 향상되겠지요.

 회사에서 사용한다면 사원 연수에도 뛰어난 효과가 있고, 사원들의 우울증도 낫고, 회사 내에 의욕이 넘쳐나겠지요.
 이 책을 읽으면 어떤 때에도 "아임 파인(나, 잘 지냅니다)"이라고 방긋 웃는 사람이 될 것입니다.

행복의 과학 총재 오오카와 류우호오(大川隆法)

CONTENTS

책머리에 ● 9

STEP 01 더 단순하게, 더 산뜻하게 살아라

마음의 거미집을 떼어내라 ● 16

STEP 02 실패해도 자신을 싫어하지 마라

결점이나 약점을 행복의 씨앗으로 삼아라 ● 24
자신과 싸워서 최후 승리자가 되라 ● 28
부동심을 가져라 ● 30
좌절하지 않는 눈사람형 인생관을 가져라 ● 34
자신의 삶을 살아라 ● 38
불완전해도 자신을 받아들여라 ● 42

STEP 03 무너지지 않는 자기 확신을 가져라

당신은 실은 불행을 사랑하고 있는 것은 아닌가 ● 48
당신의 마음에 인생을 바꾸는 힘이 있다 ● 52
어떻게 하면 자기 확신을 가질 수 있는가 ● 56
자신을 칭찬하라 ● 62
밝고 긍정적인 사람이 되려면 체력을 길러라 ● 66

STEP 04 역경을 잘 견디는 강인한 사람이 되라

고민에 맞서 이겨라 ● 72
해결하지 못할 어려운 문제는 없다 ● 78
단거리 주자로 이길 수 없으면 장거리 주자로 이겨라 ● 82
언제나 새로운 가능성을 열어 두어라 ● 86
슬럼프를 탈출하려면 다른 사람을 기쁘게 하라 ● 90

STEP 05 사람을 매료시키는 이가 소중히 여기는 것은…

더 부드러운 사람이 될 수 있는 말을 사용하라 ● 98
사랑하려면 이해하라 ● 104
남성은 타인을 평가할 때 선입관을 버리고 판단하는 습관을 길러라 ● 108

성공을 원하는 사람이 상사와 부하를 대하는 방법 ● 112
부드러움이 곧 강함이다 ● 118
남에게 준 것은 잊고 받은 것만 기억하라 ● 122

STEP 06 앞으로 나아가는 용기를 가져라

산뜻하게 사는 방법 ● 130
조건을 달지 말고 건설적인 씨앗을 뿌리라 ● 136

STEP 07 자신을 바꾸어 빛나는 사람이 되라

늘 긍정적인 이미지를 가져라 ● 144

★★ '아임 파인'인 사람이 되기 위한 말 ● 150
★★ 후기 ● 152

STEP 01

더 단순하게,
더 산뜻하게 살아라

마음의 거미집을 떼어내라

여러분의 머리가
여러 가지 사고방식으로 너무 복잡해져 있다면
일단 그 머릿속의 속박을
끊어 보세요.
너무 복잡하게 생각하는 만사를 마치 거미집을 청소라도 하듯이
싹 빗자루로 털어 주세요.

그리하여
'단순하고 밝게 사는 것의 출발점이다' 라는 바를
알아 주셨으면 합니다.

광명의 인생을 살아가기 위하여
늘 가져야 하는 마음은
'근심하지 않고 사는 것' 입니다.

상상해 보세요.
봄 햇볕 속에 흘러가는
정말로 그렇게 깊지는 않은
20센티미터, 30센티미터 깊이의 시냇물을.
햇빛이 비추어서
바닥이 마치 금빛으로 빛나는 것처럼도 보이고
완만한 무늬를 수면에 이루며
기쁜 듯이 소리를 높여 흘러가는 그 모습을.

이 냇물이 투명하듯이 우리 삶도 투명하지 않으면 안 됩니다.

삶이 투명하다란
복잡한 사고를 하지 않고
단순하고 소박하게 사는 것을 말합니다.

사람을 의심하거나 시기하거나
깊은 열등감이나 감상적인 기분 속에
살거나 할 것이 아니라,
밝고 소박하고 단순하게 살아야 합니다.

만일 당신을 배반하거나
속이려고 하는 사람이 나타났다고 해도
'그 따위 일은 마음에도 두지 않는다' 는 듯이
단순하게 살아갈 일입니다.

아이가 하룻밤 자고 나면 어제 일을 모두 잊어버리듯이

근심이 없는 밝은 삶을 살 수 있습니다.
마음속의 무거운 짐, 벽돌을 제거합시다.
그리고 통풍을 좋게 합시다.

근심하지 말고 살아갑시다

STEP 02

실패해도
자신을 싫어하지 마라

결점이나 약점을
행복의 씨앗으로 삼아라

무엇인가 결점이나 약점이 있는 사람, 혹은 그것을 언제나 의식하는 사람은 어떤 의미에서 보면 행복한 존재인지도 모릅니다.

'병이 없는 사람보다 약한 사람이 장수한다'는 말대로 몸에 어딘가 나쁜 곳이 있는 사람은 몸을 돌보기에 대체로 장수합니다. 반면 밤을 새도 꿈쩍도 하지 않은 사람에게 오히려 위험한 일이 있기도 합니다.

자신의 결점이나 약점을 30세가 되고 40세가 되고 50세가 되어도 의식하는 사람은 너무 무리를 하지 않으며, 계속 성장할 여지가 있습니다.
 여러분에게 고뇌의 씨앗이 몇 가지인가 있겠지만, 그것은 자신을 격려하고 기르는 씨앗이기도 하다고 생각하는 편이 좋습니다.

 예를 들어, 60세가 되고 70세가 되어도 '나는 아직 공부가 부족하구나', '나는 능력이 적구나', '나는 생각이 부족하구나'라고 생각하는 사람이 있다면 그것만으로도 그 사람은 발전 가능성이 있다고 할 수 있습니다. 아직 자신에 대해 만족하지 않았으므로 성장할 여지가 있습니다.
 다양한 것을 알고 경험해 감에 따라 '이상과 현실이 양립하지 않은 부분 속에 그 다음 성공이나 발전의 씨앗이 얼마나 많이 있는가?'를 알아차리게 됩니다.
 젊은 사람은 체력도 강하고 감성도 대단히 뛰

어나지만, 지식이나 경험이 적은 것이 약점입니다. 그런데 나이가 들면 몸이 약해지고 감성도 무디어집니다. 신경이 무감각해지고 느낌이 없어지는 면도 있습니다. 젊음의 특징인 체력이 약해지거나 감성이 희미해지고, 그 대신 지식이나 경험이 많아집니다. 그리고 반대의 것으로 대치(代置)되어 갑니다.

대개는 현재 가장 잘 사용하고 있는 능력의 정반대에 있는 것이 장래에 자신을 격려하고 기르는 요인이 됩니다.

성공의 요인은 통상 장점 가운데 있는데, 성공을 계속해 가기 위한 힌트는 장점과 정반대의 곳에 있는 경우가 많습니다.

'장점의 반대쪽에 있는 것 속에 내일의 나를 이끄는 씨앗이 있다'는 것을 늘 알아야만 합니다.

고뇌의 씨앗은
자신을 기르는 씨앗입니다

자신과 싸워서
최후 승리자가 되라

 다른 사람과 비교해서는 최종 승자가 될 수 없습니다. 그와 같은 상대론 속에서 타인과의 비교만으로는 최종 승자가 될 수 없습니다.
 자신의 문제 속에 '나는 태어났을 때 그 정도의 머리였지만, 노력해서 이 정도로 할 수 있게 되었다' 라는 신장률(伸張率)을 보아야 합니다.
 이 자신과의 싸움, 절대적인 싸움에서 이길 가능성은 누구에게나 다 있습니다. 누구나 현재의 자신을 보면 '자신의 선천적인 머리, 혹은 초·중·고교 시절의 머리에 비하면 잘도 노력해 왔구나' 라고 말할 수 있을 것입니다. 자신과의 싸움에서는 누구나 이길 수 있습니다.

다른 사람과의 싸움만으로는 최종적인 승리에는 좀처럼 이르지 못합니다. 최종적으로 승리했다고 하는 사람이 그 후에 어떻게 되었는지를 보면 결국 인생에서 승리하지 못한 경우가 흔히 있습니다.

'타인과의 경쟁에서는 최종적인 승리는 없다' 고 생각하는 편이 좋습니다. 싸움은 결국 자신과 해야 합니다.

부동심을 가져라

불교에서는 예로부터 '부동심이 대단히 중요하다'고 여겼습니다. 왜냐하면 인생의 괴로움이나 헤맴의 대부분은 마음이 흔들리는 데서 기인하기 때문입니다. '흔들리지 않는 마음을 어떻게 해야 만들 수 있는가?'라는 것이 불교 수행자들이 관심을 가지는 주요 테마이기도 합니다.

부동심을 가진 사람은 평온함이 있습니다. 또 강한 면도 있고 믿음직스럽습니다.

'어떤 어려움도 이겨 간다'고 하는 자세나, 동요하지 않는 신념은 지도자의 그릇으로 이어져 갑니다. 지도자가 지도자인 이유는 다소의 풍파로 마음이 흔들리지 않고, 문제를 탁 떨쳐내는 힘을 가지고 있기 때문입니다. 그 근원에 있는 것이 부동심입니다.

자신을 믿는다고 하면서도 약간의 실수나 꾸지람 등과 같은 계기로 와르르 무너져내리는 사람이 많습니다. 이런 사람들에게 중요한 것은 진정한 부동심을 가지는 일입니다.

진정한 부동심을 가지기 위해 필요한 것은 '부처의 자녀의 자각'입니다. 이것이 없으면 부동심이 있어도 뿌리가 얕습니다.

마음이 흔들리지 않는 것은 '마음의 뿌리 부분이 부처와 이어져 있다'고 하는 자각 때문입니다. 이것이 없으면 인생은 파도 사이에 떠도는 나뭇잎처럼 불안하게 흔들릴 뿐입니다.

'어느 부분이 불안정해져서 나는 운명에 농락

되고 있다. 나는 운명의 강에 떠오르는 나뭇잎과 같은 존재다'라고 생각해버리면 어떻게 할 수도 없습니다. 이런 생각은 '타인이나 환경이 나를 해친다', '나에게는 비극적인 장래가 기다리고 있다'라고 하는 비관적인 사고방식이 되어 갑니다.

이러한 암시에 걸려 불행한 인생을 선택하여 살 것인지, 강력하게 적극적인 인생을 선택하여 살 것인지는 '자신을 어떻게 생각하는가?'에 달려 있습니다.

인생은 결국 자신과의 싸움입니다

인생을 괴로워하거나
헤매는 대부분 이유는
마음이 흔들리는
데서 기인합니다

좌절하지 않는
눈사람형 인생관을 가져라

우리에게는 매일 여러 가지 일이 일어납니다. 행운의 씨앗, 행복의 씨앗이 되는 일도 일어나지만, 고뇌의 씨앗, 걱정의 씨앗이 되는 일도 일어납니다. 이것이 현실입니다.

그러나 언제나 그 안에서 교훈을 찾아내어 성공의 씨앗을 찾아낸다는 생각을 가진 사람은 어떤 일이 일어나도, 눈덩이를 굴릴 때마다 눈사람이 커져 가듯이, 커져 갈 수밖에 없습니다.

 눈사람을 만들 때 자갈이나 흙이 들어가거나 하는 일이 있어도 그것 때문에 그만두어서는 안 됩니다. 자갈이나 흙이 들어가도 눈덩이를 계속 굴리면 새로운 눈을 많이 묻혀 크게 할 수 있습니다.

 눈사람형의 인생관은 인간의 그릇을 2배, 3배로 키우고자 할 때에 매우 중요합니다.
 부디 작은 자갈이나 진흙, 그런 것에 연연해하지 말고 '굴러 갈 때마다 커져 간다'는 사고방식을 가지기 바랍니다.

 '인생에서 만나는 모든 것을 스승으로 삼는다'라는 사고방식은 대단히 중요합니다. 반면교사(反面教師)[1]라는 사고방식도 있습니다.

---

1) 반면교사 - 나쁜 본보기로서 배워야 할 사람. 그 사람 자신의 언동으로 '이렇게 되어서는 안 된다'고 깨우치게 해주는 사람

인생에서 만나는 사람 모두가 자신의 스승, 선생님이 될 가능성이 있습니다. 이러한 사고방식을 가진 사람에게는 다른 사람들과의 교제가 대단히 큰 이점(利點)을 낳습니다.

작은 것에 연연해 하지 않는 사람은
구를 때마다 커져 가는 눈사람처럼 자라납니다

자신의 삶을 살아라

자신의 인생을 타인의 인생과 맞바꾸려고 하면 괴로움이 생겨납니다.

그때는 '적재적소에 나라는 그릇에 맞는 일이 있을 것이다. 그 그릇에 맞는 일을 열심히 함으로써 나는 물론 다른 사람들도 행복한 생활을 할 수 있다'라고 생각해야 합니다.

목공 도구에도 여러 가지가 있습니다. 예를 들면, 톱도 있고 대패도 있고 끌도 있습니다. 각각 하는 역할도 있습니다.

'나는 도대체 어떠한 역할을 하려고 태어났는가?'를 한번 더 생각해 볼 일입니다. 그러면 '아마 나는 이런 사명을 가진 인간이다'라는 바를 알게 될 것입니다. 그 천명(天命)에 가장 걸맞은 것 중에서 자신을 찬란히 빛낼 수 있는 일을 하는 것이야말로 중요합니다. 그것을 타인의 인생과 바꾸려고 해서는 안 됩니다.

불교에 의하면, 인간에게는 '혼의 형제'라고 하는 그룹이 있는데, 그 중 한 명이 차례로 이 세상에 태어나서 인생 경험을 쌓습니다. 그리고 저 세상에 돌아가 그 경험을 그룹의 멤버로서 공유하고 있습니다.

그것은 마치 다섯 손가락과 손바닥과 같은 관계입니다. 엄지손가락, 집게손가락, 가운뎃손가락 등 다섯 손가락은 각각 달라도 전체가 하나의 손을 이룹니다. 손바닥이 혼의 형제의 본체라면, 그 외에 짧지만 굵은 엄지손가락, 조금 긴 가운뎃손가락, 귀여운 새끼손가락 등은 혼의 형제입니다.

 무엇인가를 잡는 일을 손 전체로 하듯이 혼의 그룹 전체가 그렇게 하나의 경험을 쌓고 있습니다. 그들은 혼의 전생윤회(轉生輪廻)를 하면서 여러 가지 인생 경험을 하고 있습니다.

 성별, 연령, 지능, 신체 등 타인과 차이는 여러 가지가 있겠지요. 성격에도 외향적인 성격과 내성적인 성격이 있듯 여러 가지가 있겠지요. 그러나 달라야만 개성이 있습니다.

 다른 사람들의 존재를 긍정한다면 자신의 존재도 긍정하십시오. '그 당신이면 돼요'라고 부처는 허용하고 계십니다. '그 당신이면 됩니다. 다른 사람이 아니어도 좋습니다. 그 이름을 가진 당신이면 됩니다'라고 금세의 혼수행을 허가하셨으니까 당신의 삶을 살아가면 됩니다.
 지금 주어진 상황 가운데에서 최선을 다하는 삶을 살면 됩니다.

천명(天命)에 가장 걸맞은 것 가운데
자신을 찬란히 빛내는 일을 찾으십시오

불완전해도 자신을 받아들여라

'인간은 부처의 자녀, 신의 자녀다'라는 사고방식이 물론 중요하지만, 그 한편으로는 인간이 불완전한 존재라는 사실을 우리는 인정해야 합니다. 이 세상에서 육체를 가지고 있는 이상 인간으로서 불완전함은 남기 마련입니다.

이 세상에서는 완벽한 존재로서 살 수 없습니다. 이 세상에서는 수많은 저항 속에서 살지 않으면 안 되기 때문에 불완전하게밖에 살 수 없습니다. 그 때문에 실패나 좌절도 있지만, 반성도 있고 배움도 있는 것입니다. 그래서 다른 사람들도 똑같이 실패나 좌절을 해도, 또 새로운 발견을 하고 회복하여 보다 좋은 인생을 살아가려 하고 있습니다.

중요한 것은 완벽한 인생을 사는 것이 아니라, 보다 나은 인생을 사는 일입니다. 이것을 마음에 새기지 않으면 안 됩니다.
"완전하게 살지 않아도 된다. 완벽하지 않아도 좋다"고 말하면 금방 '완전하지 않아도 되는구나' 라고 생각하는 사람도 있습니다.
그런 생각을 직장에서 실행하여 상사에게 혼나는 사람이 나와서는 안 되기에 만일을 위해 말해 두지만, '공부나 일에 어중간해도 좋다' 고 권하는 것은 아닙니다.
다만 혼적(魂的)·영적(靈的)으로 자신을 심하게 책망하여 매일 밤 자지도 못하고 괴로워하는 사람이 있다면 "완벽한 자기 자신만을 추구해서는 안 된다"라고 말하고 싶습니다.

80%주의(主義)[2]면 되니까 어쨌든 살아 남아야 합니다.

여러분은 불신(佛神)을 향해서 영적으로 진화하는 것을 목표로 하고는 있지만 불신은 아닙니다. 우리는 이 세상에 살고 있는 이상 실패를 거듭하며 괴로워하면서 살고 있습니다. 따라서 보다 잘 사는 것을 목표로 해야 합니다.

'인간은 부처의 자녀인 동시에 이 세상에서는 불완전하게 살고 있는 서투른 생물이다' 라는 것을 알아야만 합니다. 서투르게 살고 있는 자신을 인정하지 않으면 안 됩니다.

---

2) 80%주의 - 전체의 80%를 제대로 할 수 있으면 만족한다는 입장을 취하는 것

STEP 03

무너지지 않는 자기 확신을 가져라

당신은 실은 불행을
사랑하고 있는 것은 아닌가

 고뇌할 때에는 마음이 두 갈래, 혹은 세 갈래 이상으로 갈라져 이윽고 마구 흐트러집니다. 이 때 '어느 쪽 생각을 하는 편이 이득인가?' 라고 따져 볼 일입니다. 이것을 자문자답해 보세요. 그러면 저절로 결론이 나올 것입니다.

 자격증 시험을 예로 들어보겠습니다. 시험이기 때문에 합격하는 사람도 있고 떨어지는 사람도 있습니다. 그런데 합격해도 점수가 예상보다 나쁘다고 화가 나서 날뛰는 사람도 있습니다. 농담 같은데 정말로 있습니다.

합격점이 70점인데 어떤 사람이 71점으로 합격했다고 합시다. 자기는 90점을 받을 것이라고 생각했기 때문에 합격했는데도 화를 내며 날뛰는 사람도 있습니다.

71점으로 합격해도 '꼴찌 쪽에서 합격했다. 자존심 상한다'라고 생각하는 사람이 있는가 하면, '별로 공부하지 않았는데도 합격했다. 이것은 부처님의 은혜임이 틀림없다. 나는 사랑받고 있다'라고 생각하는 사람도 있습니다. 이와 같이 사고방식은 사람에 따라 큰 차이가 납니다.

우리는 고뇌를 합리화하는 일이 자주 있습니다. 인간은 고뇌를 합리화하곤 합니다. 실로 여러 가지 합리화를 합니다. '예수님도 괴로워하셨다. 그러므로 내가 괴로워하는 것은 당연하다'라는 식으로 합리화하는 사람도 있습니다. 합리화만 하는 데 그치지 않고 정당화하기도 합니다.

따라서 중요한 것은 '어느 쪽이 이득인가? 그리고 나는 어떻게 되고 싶은가?'를 생각하는 일입니다.

행복보다 불행을 선택하는 사람의 경우는 어쩔 수 없습니다. 충고를 해도 나쁜 쪽으로 받아들이기 때문에 어떻게 할 수도 없습니다.

부처는 구하려 하고 있는데도, 스스로 떨어져 가는 사람은 어쩔 수 없습니다. 인간에게는 자유의지가 있으므로 스스로 불행을 선택하는 사람은 어떻게 할 수 없습니다.

'행복을 선택하고 싶다'는 마음을 갖는 것이 중요합니다.

'행복을 선택하고 싶다'는 마음을 가지십시오

당신의 마음에
인생을 바꾸는 힘이 있다

만사에는 모두 원인이 있으며 그 원인에 상응하는 결과가 나타나게 되는 법입니다.

따라서 '얼마나 좋은 원인을 씨앗으로 뿌리는가? 그리고 얼마나 그것을 잘 길러내어 열매로 추수하는가?' 라는 사고방식이 중요합니다.

필자는 '다이나마이트 사고' 라는 사고방식을 설하고 있습니다. 그것은 바야흐로 마음속에 폭

발적인 힘을 품고 있는 씨앗을 심으려고 하는 사고방식입니다.

세상은 허약하게 살고 있는 사람이 많아서 매우 이상하게 생각되기도 합니다. 허약하여 구제를 바라며 도움을 청하는 사람들로 가득 차 있는 것처럼 보입니다.

그러나 필자는 말하고 싶습니다. 오래된 종교의 타력사상(他力思想)처럼 "경문 제목을 외우면 구제 받는다", "아미타불의 이름을 부르면 구제 받는다"라고 했던 시대는 이미 지나가 버렸는지도 모릅니다.

필자는 즉각적이면서 짧은 시간에 '무엇인가의 효험에 의하여 사람들을 구하자'라는 사고방식이 아니라 '각자가 그 마음속 깊숙한 곳에 잠재한 위대한 사상 즉 사고력을 씨앗으로 삼고 그것을 성장시켜 간다'는 사고방식 속에 만인을 구하는 열쇠가 있다고 봅니다.

이것은 마음의 작용에 의한 힘을 아직 충분히

모르는 사람에게는 '단순히 말을 꾸미는 것이다, 속임수다, 위안이다' 라는 식으로 생각될 수도 있습니다.

그러면 근본적인 사고방법을 버리고 눈앞의 이익이나 현상에 치닫기 쉬워집니다. '이것을 하면 돈을 벌 수 있다', '여기서 빌면 병이 낫는다' 라고 하는, 눈앞 중심의 사고방식에 치닫는 경향말입니다.

인간은 그러한 것으로 헤매기 쉬운 약한 면도 있지만, 필자는 그 인간을 강하게 만들고 싶습니다.

강해짐으로써 해결되는 고뇌는 그야말로 수없이 많습니다. 아니, 말을 바꾸어 "그 사람이 강해져서 해결되지 않는 고뇌는 하나도 있을 수 없다"라고 해도 지나치지 않습니다.

예를 들면, 훌쩍훌쩍 울던 아이가 눈깔사탕 하나로 웃기도 하고, 칭찬 하나만으로 용기를 내기도 하고, 우연히 지나간 사람이 머리를 쓰

다듬어 주는 것만으로 활기차게 뛰어 다니는 일도 있습니다.

부처와 인간과의 관계도 이와 닮았습니다.

인간은 때때로 좌절감에 빠지거나 열등감으로 고민하거나 하는데, 부처의 말을 가슴에 새기고 일어설 때 강력하고 밝고 적극적이고 긍정적인 존재로 다시 태어날 수 있습니다.

필자가 하는 이 말을 단순하게 파악할 것이 아니라, 실제로 여러분이 경험해 주시길 바랍니다. 그것을 필자는 강하고 강하게 바라고 있습니다.

필자가 몇 번이나 되풀이하고 있는 가르침은 "마음이야말로 모든 출발점이다. 마음을 바꾸어 감으로써 인생은 변해간다"라는 것입니다.

그리고 그것은 전적으로 진실 그 자체입니다. 행복이나 불행은 자신의 마음이 만들어냅니다. 아니 더 분명히 말한다면 '마음속에 어떠한 씨앗을 뿌리는가?'에 모든 것이 달려 있습니다.

어떻게 하면
자기 확신을 가질 수 있는가

 자기 확신이란 자신을 과신하고 자만하는 일이 아닙니다. '나도 참 좋은 면이 있구나'라고 표현할 수 없지만 자신을 믿는 것입니다.
 괴로움이나 슬픔의 한가운데 있을 때 인간은 자신을 부정하는 상태가 되어 '내가 얼마나 악인이며, 죄인인가?'를 생각합니다. 그러나 더 정리된 시점으로 자신을 보는 일도 중요합니다.

지금까지 인생을 돌아보면 나쁜 점이 여러 가지 있을 것입니다. 그러나 참 좋은 면도 많다는 생각이 들 것입니다.

그러면 '나도 부처님에게 사랑받고 있었구나', '나도 누군가에게 도움이 되고 있었다'는 확신이 들 것입니다.

자기 확신이란 작은 확신을 거듭 쌓음으로써 만들어집니다. 매일 조금씩 여러 가지로 자신을 확신하며 남에게 도움이 되는 자신을 찾아내는 것이 중요합니다. 그것 없이 진정한 의미에서 자기 확신은 없습니다.

수면에 떠 있는 물새는 깃털 표면에 기름이 있어 물을 튀깁니다. 자기 확신은 물새의 깃털에 있는 기름과 같습니다. '어떤 불행이 찾아와도 그것이 내 마음 깊은 곳을 해치는 일은 없다'는 것을 알게 하는 기름입니다.

결국은 '근본적으로 부처를 믿고 있다'는 것이 중요합니다.

'부처님이 만드신 세계라면 슬프게 보이는 일에도 무슨 의미가 있을 것이다. 부처님이 나를 철저히 해치려고 생각하실 리는 없다.'

'육친의 죽음으로 나는 한층 더 강해질 수 있는 것이 아닌가?'

'친구와 결별함으로써 한층 더 훌륭한 사람을 만날 수 있는 것이 아닐까?'

'연인과 헤어져도 이윽고 나에게 더 걸맞은 사람을 만나는 것이 아닐까?'

이와 같이 생각해 보는 것입니다.

중요한 것은 흘러가는 시간 속에서 자신을 소중히 하면서 힘을 축적해 가는 일입니다. 발버둥 쳐서 괴로워하며 물에 빠져버리지 말고 자신을 연마해야 합니다.

그때 가장 중요한 것이 '부처에 대한 신앙', '부처에 대한 사랑' 입니다.

고뇌 중에 있을 때 '나에게 부처에 대한 사랑이 있을까?' 를 생각해 보십시오. 대부분 사람은 자신에 대한 사랑으로 포로가 되어 있습니다. '이렇게 불쌍한 나'라는 생각을 열심히 하며 남에게 동정을 얻으려고 하는데, 누구한테서도 동정의 소리가 나오지 않으니 이 점이 문제입니다.

이런 때는 등을 펴서 넓은 하늘을 올려다 보십시오. 고뇌에 빠진 사람, 악령(惡靈)의 노예가 되어 있는 사람은 대개 주저앉아서 태양을 등지고 자신의 작은 그림자만 응시하고 있습니다. 그러면 아무리 시간이 지나도 빛은 보이지 않습니다.
딱 일어서서 태양을 향해 크게 발돋움하십시오. 이것이 '부처에 대한 사랑'입니다.

작은 자기만을 보지 말고, 부처 쪽으로 되돌아보며 감사하는 마음을 품을 일입니다. '나는 얼마나 큰 사랑을 받고 있단 말인가? 지금 당장은 불행한 것처럼 보여도 시간이 흐르면 별일 아니고, 이 어려움이 오히려 큰 발전을 위한 양식이 되지 아닐까?' 라고 생각해 볼 일입니다.

어떤 시련이 와도 거기에서 교훈을 배우는 자세만 잊지 않는다면 인간은 훌륭해질 수밖에 없습니다.

행복이나 불행은 자신의 마음이
만들어내고 있습니다

나에게도 참 좋은 면이 있음을
확신하십시오

자신을 칭찬하라

 때때로 '칭찬 노트'를 적어 볼 필요가 있습니다. 태어나서 지금까지 어떤 점이 좋다고 사람들에게 칭찬을 받은 적이 있는 자신의 과거를 돌아보는 것입니다.
 그러면 반드시 칭찬받은 적이 있을 것입니다. '야단만 맞고 지냈다'고 생각하는 것은 피해망상입니다. 그런 일은 없습니다. 어떤 사람이라도 좋은 점이 있으므로, 칭찬받은 적이 분명 있었을 것입니다. 다만 칭찬받은 일은 금방 잊어

버리고, 야단맞은 일만 언제까지 기억하고 있기 때문에 그렇게 생각될 뿐입니다.

자신이 살아온 날을 되돌아 보고 자신에게 있는 좋은 면을 써 보면 '나는 이런 면에 장점이나 강점이 있다'는 것을 알게 될 것입니다. 이것은 해 보지 않으면 모릅니다. 의외로 생각하지 못한 많은 것이 있을 것입니다.

예를 들면, '나는 여성에게 인기가 없다고 끙끙거렸는데, 잘 생각해 보니 남성에게는 평판이 좋았다'는 사람도 있을 것입니다. 남성에게는 여성에게 인기 있는 남성은 싫은 법입니다. 비판하고 싶은 대상입니다. 거기에 비하여 여성에게 인기가 없는 남성을 보면 안심하곤 합니다. 여성에게 인기가 없다는 점이 다른 남성들을 안심시킨다는 면에서는 이렇게 장점이 되기도 합니다.

'여성과 사이좋게 지내지는 못해도 남성과 사이좋게 지내는 방법이 있지 않을까? 남성과 사이좋게 일을 하거나 놀거나 하는 방법도 있지 않을까?'라는 방향에서 자신을 연마할 때, 어느새 남성 사이에서 평판이 좋은 당신을 여성도 발견하게 됩니다. 그리고 '동성(同性) 사이에서 평판이 좋은 남성은 역시 훌륭하겠지'라고 생각하여 점점 주목하게 될 것입니다.

 부상(浮上)의 원리로 자신의 마음을 좀 더 이상적인 곳까지 높이는 것을 탐구해 보길 바랍니다.
 '이런 것은 잘못되었지만, 이 점은 자신도 어느 정도 인정하고, 사람들도 좋게 본다'고 하는 부분이 있으면, 그 부분을 기준으로 해서 잘못된 부분을 비추어 보면 자신이 어떻게 해야 했는가를 알게 됩니다.
 이 이상적인 부분이 없는 사람은 자신이 어떻게 하면 좋은가를 전혀 모릅니다. 그런 사람은 반성도 좋지만, 우선 좀 더 자기 확립, 자기 신뢰의 부분을 늘려야 합니다.

칭찬 노트를 적어 보십시오

밝고 긍정적인 사람이 되려면 체력을 길러라

'일을 한 다음날에도 싸울 수 있는가?', '좋은 일을 계속할 수 있는가?'는 상당 부분 체력과 관계가 있습니다. 물론 직무 능력과 체력 모두 중요하지만, 체력이 약하면 좋은 일을 오래 계속할 수 없습니다.

또 체력이 약하면 만사를 비관적으로 판단하게 됩니다. 인간관계도 비관적으로 되어 나쁜 쪽으로 생각하게 됩니다. 일에 대한 전망도 어둡고 나쁘게 느끼게 됩니다.

체력이 강하면 전망이 밝게 보입니다. 인간관계에서도 '어떻게든 개선할 수 있는 것이 아닐까?'라고 생각하게 되고, 일에서도 '이후에는 잘되는 것이 아닐까?'라고 생각하게 됩니다.

일로 괴로워하는 사람은 혹시 체력에도 문제가 있을지 모르기 때문에 체력부터 증강하지 않으면 안 됩니다.

체력이 약하면 만사를 비관적으로 판단하게 됩니다

STEP 04
역경을 잘 견디는 강인한 사람이 되라

고민에 맞서 이겨라

불교의 가르침에 따라 '인간이 영원의 혼수행(魂修行)3)'을 하면서 되풀이하여 지상에 다시 태어나고 있다'고 생각하면서 현재 자신의 혼수행을 보면 '내가 지금 시련이라고 생각하는 것은 사실은 다른 것이 아닐까?'라는 사고방식이 나옵니다.

특히 지금 고민하는 것은 '여러분 인생에 주어진 문제집이 도대체 무엇인가?'를 가르쳐 주고 있습니다.

괴로움 중에 있을 때는 '이번 혼수행에서 가장 의미가 있는 곳에 바야흐로 접어들고 있구나. 이것은 재미있고 흥분된다'와 같이 생각하는 것이 중요합니다.

여러분은 드디어 링에 오른 것입니다. 링에 오르기 전에는 목에 타월을 걸고 '슉슉슉' 하고 섀도 복싱(shadow boxing)[4]을 하고 있었는데, 언제까지나 연습만 하고 있어서는 안 됩니다.

"홍 코너"라고 불렸다면 타월을 던지고 링 중앙으로 나아가지 않으면 안 됩니다. 홍 코너라는 소리가 들릴 때 화장실에 가고 싶다는, 도망가고 싶다는 따위의 생각을 해서도 안 됩니다. 그때는 싸우지 않을 수 없습니다.

바로 이때를 위해 이번의 생이 있습니다.

---

3) 혼수행 - 불교에 의하면 인간은 전생윤회하여 천계의 혼이 지상에 태어나 수행을 하다가 다시 저 세상으로 돌아가는데, 지상에서의 삶을 불교적으로 이르는 말
4) 섀도 복싱 - 상대를 상정하여 혼자서 행하는 복싱의 연습법

아니, 이번 생에 국한된 것이라고 하기보다도 다시 태어나기 전, 몇 십 년이나 몇 백 년 동안 실재계(實在界)의 어디선가 수행해 와서 '좋다. 이번에는 두고 봐라. 이번에는 보기 좋게 해낼 거야'라고 생각하고 지상에 온 것입니다.

도움닫기를 한 기간만 보아도 적어도 수십 년에서 수백 년이 걸렸습니다. 경우에 따라서는 더 걸린 사람도 있습니다. 그만큼 기간을 들여서 트레이닝하고, 타이틀 매치에 나온 것입니다.

상대가 인간이라면 얻어맞으면 아프지만, 실제로 여러분 앞에 있는 문제라고 보이는 것은 인간이 아니라 '신기루'에 지나지 않습니다. 문제라는 형태, 고뇌라는 형태를 띠고 나타나 있는 여러분 자신의 카르마[업(業)]에 지나지 않습니다.

링 위에서의 대결은 타인이 아니라 여러분 자신의 카르마와 싸우는 것입니다. 이것을 녹아웃(knock out)시키지 않으면 안 됩니다. 그것이 금

세의 사명입니다.

이때 링 위에서 "나는 원래 머리가 나빠, 환경이 나빴어, 부모가 이러 했어, 형제가 나빴어, 가난했어" 따위로 말하면 안 됩니다.

그것은 링 위에서 글러브를 끼며 서로 노려보면서 시합을 시작하려고 할 때 "실은 난 연습하지 않았어. 다리가 무디단 말이야. 어제부터 허리가 아파" 따위로 말하는 것과 같습니다.

그러다가는 "무슨 소릴 지껄이고 있느냐?"라는 말을 듣고 상대에게 얻어맞고 한방에 다운되기 쉽습니다.

그래서는 안 됩니다. 링에 올라가서는 자신의 약점을 내비춰서는 안 됩니다. 자신과 카르마의 대결이 눈앞에 가까워질 때 약점을 보여서는 안 됩니다.

만약 마이너스 요소가 있다고 해도 '이것은 결코 소리내어 말하지 않는다'라고 작정하지 않으면 안 됩니다. 약점이 상대에게 알려져선 안 된다는 것입니다.

 실제로는 체중이 63.5킬로그램밖에 나가지 않아도 72.5킬로그램이나 나가는 것처럼 당당하게 가슴을 펴야 합니다. 상대방이 '실력에 앞서 몸무게가 9킬로그램이나 더 나가니까 자신이 얻어맞고 쓰러질지 모른다'라고 생각할 정도면 딱 좋습니다.

 그와 같이 모든 것을 긍정적인 방향으로 생각해 가면 좋습니다.

문제라고 보이는 것은 실은
자신의 카르마에 지나지 않습니다

해결하지 못할
어려운 문제는 없다

 부처는 그 사람이 감당하지 못하는 문제는 주지 않습니다. 그와 같은 무거운 짐은 짊어지게 하지 않습니다. 예로부터 그렇습니다.
 본인이 짊어지기에는 너무 힘겹다고 생각하는 문제도 부처의 눈으로 보면 적당한 정도입니다.

 이것을, 짐을 짊어지고 걷는 사람과 빗대어

비유해 봅시다. 본래 그 사람은 더 무거운 짐을 짊어질 수 있지만, 실제로는 무거운 짐을 피하고 가벼운 짐밖에 짊어지지 않았습니다.

그런데 어깨에 짐이 또 하나 실려 버렸습니다. 그 사람은 '이것을 짊어지면 쓰러지고 말거야'라고 생각했습니다. 더 이상은 못할 줄 알았는데, 쓰러질 것 같으면서도 쓰러지지 않았습니다. 그는 짐을 조금 더 무겁게 져도 괜찮다는 것을 알게 되었습니다.

계속 걷고 있었더니 또 하나 짐이 실려졌습니다. '이번에야말로 쓰러진다'고 생각했지만, 이번에도 쓰러지지 않았습니다.

결국 그 사람은 자신이 무거운 짐을 짊어질 수 없다고 생각했지만 그렇지 않았고, 실은 자신이 게으름을 피웠다는 것을 알게 되었습니다.

이런 경우는 일을 하는 중에도 있습니다. 인간은 일이 늘어나면 고민하지만, 부처는 '그 정도 일로 무슨 소릴 하고 있느냐? 아직 괜찮다'

라고 생각하고 있습니다.

그러므로 자신에게 조금 무리라고 생각되는 경우라도 '부처님이 기대하고 계시는 일을 내가 아직 하고 있지 않은 것은 아닐까? 이것은 해결할 수 있는 것이 아닐까?' 라고 생각했으면 합니다.

이전에는 도저히 해결할 수 없다고 생각되던 문제가 자신이 성장함으로써 작은 문제에 지나지 않게 되어 고민할 필요가 없게 되는 경우도 있습니다.

예를 들면, 급속히 발전하는 회사의 사원은 '이렇게 빨리 발전하면 도저히 회사를 따라갈 수 없다'고 느끼는 일이 있을 수 있습니다. 그러나 노력하여 이전보다도 많은 일을 해낼 수 있게 되면 '따라갈 수 없다고 한 것은 응석이었다. 스스로 초조해 했다'고 생각하게 됩니다.

이와 같이 스스로 멋대로 '큰 문제다' 라고 확대 해석하여 미리 겁을 먹는 경우도 있으므로,

'지금은 해결할 수 없어도 1년 뒤에는 해결할 수 있을 것이다. 지금 상황이 1년 후 일이라면 어떻게 될까?' 라고 생각해 보십시오. 아마도 거기에 답이 있을 것입니다.

자신의 미래상, 성장한 자신의 모습을 현재의 입장으로 끌어와 보십시오. 그러면 더 강력한 자신을 만들 수 있을 것입니다.

어려운 문제를 착수하는 동안은 몰랐는데, '정신을 차리고 보니 해결하고 있었다' 는 경우도 있습니다. '저렇게 어려운 문제를 스스로 해결할 수 있었던 것이 신기하다' 고 생각되겠지만, 나중에는 그것이 당연해집니다.

단거리 주자로 이길 수 없으면 장거리 주자로 이겨라

좌절했을 때 '더 이상의 쓰라림은 없다. 더 이상 고난은 없다. 더 이상 불행도 없다'고 생각하는 시기는 단기적일 경우가 많다고 봅니다.

1년 혹은 2년이라는 짧은 기간 동안 해보고 '내가 바라는 대로 되지 않았다'고 생각하겠지만, 이런 때는 발상의 전환이 반드시 필요합니다.

'단기적으로 성공하지 않았다'고 하는 것을 예로 들면, '단거리 주자로서 소질이 없다. 100

미터 달리기에서는 결코 우승할 수 없다'는 것을 가르쳐 주고 있는지도 모릅니다. 그것이 여러분이 좋은 주자가 될 수 없다는 것을 의미하지는 않습니다.

800미터나 1500미터 경주도 있는가 하면, 42.195킬로미터 마라톤도 있습니다. '단거리에서 안 되면, 장거리에서는 어떨까?'라고 하는 사고방식의 전환이 필요합니다. 이것을 명심하고 실행에 옮겨주셨으면 합니다.

필자는 원래 발이 그다지 빠른 편이 아니었지만, 고등학생이었던 무렵 교내 마라톤에서 좋은 성적을 거둔 적이 한 번 있습니다. 그 경험으로 마라톤은 역시 속도 배분이 중요하다는 것을 배웠습니다.

당시 처음에는 필자와 비슷한 실력으로 달리는 집단을 가늠하여 그들과 같이 달리려고 하였습니다.

그런데 달리는 동안 점점 컨디션이 좋아져서

몸이 따뜻해지면서 더 빨리 달릴 수 있을 것이라는 생각이 들었습니다. 그래서 중간 지점부터 속도를 올렸더니 점점 다리가 길어진 듯한 느낌이 들었습니다. 이윽고 속도가 올라서 단거리 경주에서 나보다 상당히 빨랐던 사람까지 앞지르게 되었습니다.

단거리 달리기를 잘하고 근육질인 사람은 오히려 장거리 마라톤에서 속도 배분을 잘 못하면 쉽게 지치게 됩니다. 너무 빨리 달려서 도중에 낙오하거나 헉헉거리면서 쉬게 됩니다.

필자가 뒤에서 바짝 뒤쫓아가니까 의외라는 얼굴을 하고 필자를 앞서 가려고 애썼지만, 어느 새 그들은 뒤쪽에서 달리고 있었습니다. 그때 '이런 일이 어떻게 일어날 수 있단 말인가?'라는 신기한 생각이 들었습니다.

자신이 가지고 있는 힘을 객관적으로 분석하여 어느 단계에서 전력을 기울이면 좋은 결과를 낼 수 있는지를 생각하고 그것을 강구하기 바랍니다.

부처는 사람이 감당하지 못할 문제는 주지 않습니다

자신을 객관적이면서도 전체적으로 분석하여
좋은 결과를 낼 수 있도록 강구하십시오

언제나 새로운 가능성을 열어 두어라

고뇌에 직면하면 인생의 다각화를 생각해 두는 것이 좋습니다. 이것은 결코 어려운 사고방식이 아닙니다.

프로 야구에서도, 고교 야구에서도, 출전 팀은 몇 명의 투수를 예비적으로 대기시키고 있습니다. 그들은 선발, 중계, 제압이라는 역할 분담을 하고 있습니다. 몇 명의 교체 선수를 예비함으로써 어떤 식으로 게임이 전개되더라도 어느 정도 어려운 점을 타개할 수 있습니다.

 나름의 준비를 해 두는 것, 즉 다각화를 꾀해 두는 것이 중요합니다.

 인생을 설계할 때도 '선발로 공을 던졌다가 상대가 자꾸 쳐낸다면 어떻게 해야 하는가?' 라는 생각을 미리 해 두는 것이 좋습니다. '그때는 이런 방법도 있고 저런 방법도 있다' 라는 것을 충분히 생각하며 기능(技能)을 연마하여야 합니다.

 한 명의 투수가 최후까지 공을 던져 완투(完投)하는 것이 이상적이지만, 좀처럼 그렇게 되지는 않습니다. 이것은 현실로 인정하지 않을 수 없습니다.

 모두가 성공을 바라지만, 결과적으로 반드시 성공으로 이어지지 못하는 경우가 많은데 여러 부분에서 원인이 되는 곳이 있기 때문입니다. 그 때문에 다각도로 대응책을 생각해 두는 일이 필요합니다.

 좌절이 커지는 원인 중 하나로 인생의 목표가 하나밖에 없는 경우가 자주 있습니다. '이것만 있으면', '이것밖에 없다'고 하는 생각은 잘못하면 집착이 될 수 있습니다. 그리고 실패했을 때 좌절이 더욱 커질 수 있습니다.
 이것은 인생의 비교적 빠른 시기에 '어느 분야에서 뛰어난 전문가가 되고 싶다'고 자신의 미래를 한정하는 것과 똑같은 사고방식이 아닐까요? '더욱더 큰 가능성을 가지고 성공할 수 있다'라는 비전을 잊어버린 것은 아닌가 생각됩니다.

 어려움과 맞붙어 싸워서 그것을 해결하는 동시에 다른 면에서는 언제나 새로운 길을 열어 두는 것이 중요합니다. 그 가능성을 언제나 열어 둘 일입니다. 그것이 고뇌를 이기는 큰 방법론 중의 하나가 됩니다.

어려움을 해결하는 동시에
언제나 새로운 길을 열어 두십시오

슬럼프를 탈출하려면
다른 사람을 기쁘게 하라

고경(苦境)이라고도 할 수 있는 슬럼프에서 탈출하려면 도대체 어떻게 하면 좋을까요?

많은 사람들은 지상에 태어나서 커다란 자기실현을 목표로 하고 있습니다. 그러므로 '사람들은 자신을 보다 발전시키려는 생각 가운데서 고경에 처해 있다'고 하는 것을 전제로 하여 슬럼프에서 탈출하는 방법을 생각해 보고자 합니다.

첫째, 자기 내부에 무한한 에너지가 매장되어 있다는 것을 잊어서는 안 됩니다.

사람의 혼(魂)의 구조는 양파 모양으로 되어 있고 그 중심 부분에는 대우주의 부처와 통하는 부분이 있습니다. 그것은 무한한 빛을 여러분에 가져다줍니다.

이 무한한 빛은 실은 부처와 똑같은 힘, 부처와 똑같은 속성을 가지고 있다고 해도 좋습니다. 부처와 똑같은 속성이란 엄청난 지혜로 가득 찬 것입니다. 정의, 용기, 자비, 사랑, 조화로 가득 찬 것이며, 한없이 번영해 가는 것입니다.

그 때문에 고경에 빠졌을 때는 우선 '본래의 나란 도대체 누구인가?'를 알아야 합니다. '본래의 나는 무한한 힘을 가지고 있는 사람이다'라고 아는 것은 무한한 힘을 끌어내기 위한 원동력이 됩니다.

여러분은 마음의 밑바닥에 뚜껑으로 차단하

는 장치를 가지고 있다고 해도 좋습니다. 사실 여러분의 힘은 무한하며, 저 온천의 뜨거운 물처럼 솟아나기 시작하여 분출하고 있는데, 언제부터인가 인간적인 어리석은 생각으로 거기에 마개를 막아 버린 것과 같은 것이 현재의 상태입니다.

둘째, 에너지를 축적하는 자세를 가져야 합니다.

슬럼프는 결국 '에너지를 너무 방출해서 내부에 에너지가 쌓이지 않았다' 는 것을 의미하므로, 이 시기에 에너지를 많이 축적하도록 노력해야 합니다.

'고뇌할 때는 학습하라' 라고 필자는 늘 자신에게 타이르고 있습니다.

긴 인생 가운데 고뇌만 하는 사람은 없습니다. 따라서 슬럼프가 올 때는 자기 충전을 위해 노력하는 것이 가장 현명한 방법입니다. 슬럼프는 언젠가 떠나가는 것이므로 그전에 가능한 한 축적을 많이 하려고 노력하는 것이 중요합니다.

셋째, 천천히 다른 사람들의 행복을 생각해 보아야 합니다.

슬럼프 시기에는 자신의 일을 너무 많이 생각하다가 다른 사람을 잊는 경우가 많습니다. 그러나 자신의 의식을 전환해서 다른 사람들을 생각해 봅시다. 내가 어떻게 해야 다른 사람들이 기뻐할지를 생각해 봅시다.

슬럼프를 극복하는 가장 좋은 방법은 다른 많은 사람들을 기쁘게 하는 가운데 있다고 해도 지나친 말이 아닙니다.

자신이 괴롭다고 그 괴로움을 다른 사람에게까지 전달하려고 해서는 안 됩니다. 그러면 또 다른 괴로움이 되어 자신에게 되돌아옵니다.

내가 괴로울 때는 반대로 다른 사람들을 기쁘게 해주는 삶을 살아 보면 어떨까요? 내 마음이 괴로움으로 가득 차 있는 때일수록 오히려 다른 사람들에게 웃는 얼굴을 보여주면 좋지 않을까요?

 자신으로 인해 다른 사람들이 기뻐하는 마음을 가지는 가운데서 슬럼프는 반드시 극복되어 가는 법입니다.

슬럼프를 극복하는 가장 좋은 방법은
다른 사람들을 기쁘게 하는 가운데 있습니다

STEP 05
사람을 매료시키는 이가
소중히 여기는 것은…

더 부드러운 사람이
될 수 있는 말을 사용하라

이 지상에는
육십 억이 넘는 사람이 살고 있습니다.
다양한 나라, 다양한 환경에서
어떤 사람은 포식하고
어떤 사람은 굶주리며,
어떤 사람은 지성이 뛰어나고
어떤 사람은 지성이 뒤떨어지며,
어떤 사람은 체력이 뛰어나고

어떤 사람은 체력이 뒤떨어지며,
어떤 사람은 희고
어떤 사람은 검고
어떤 사람은 노랗고,
어떤 사람은 가족을 잘 만났고
어떤 사람은 가족을 잘 만나지 않았고,
이렇듯 육십 억이 넘는 사람들이
다양한 환경에서 살고 있습니다.

만약 부처의 입장에서 이 세계를 본다면
어떻게 보인다고 생각됩니까?

'이것도 옳고, 저것도 옳다.
각각의 가운데서 행복해져 가라.
그대에게 지금 주어진 환경 속에서
행복을 추구해 가라'
부처는 그것을 바라고 있습니다.

왜냐하면

여러분의 인생은
이번 한 번에 한정된 것이 아니라
저 유구한 대하(大河)가
어디선지 모르게 흘러와서
어디론지 모르게 흘러가듯이
여러분은 아득한 옛날부터 혼으로서 존재하여
몇 번이나 몇 번이나
지상에 생명을 얻었기 때문입니다.

어떤 때는 아프리카에 태어나고
어떤 때는 인도에 태어나고
어떤 때는 중국에 태어나고
또 어떤 때는 한국에 태어나는 등
여러 곳에서 혼은 다시 태어나고 있습니다.
그래야만 영원에 가까운 기나긴 인생이
열매가 많은 인생이 되는 것입니다.

산에서 작은 계곡으로 흘러 떨어진 물이
이따금 나뭇잎 아래로 흘러

이윽고 시냇물이 되고
어느 때는 여울이 되고
어느 때는 완만하게 흘러
하구(河口)에 가까워지면
바다라고 여겨질 정도로
넓은 모습을 한 강이 되듯이
영원한 전생(轉生) 속에서 여러분 또한
여러 가지 경험을 하게 됩니다.

그 사실을 알았을 때
자신에 대해서도 다른 사람에 대해서도
여러분은 더욱더 관용을 베풀지 않으면 안 됩니다.
다른 사람들이
각각의 시간을 지금 살고 있다는 것을,
커다란 흐름 속에서
혼수행을 하고 있다는 것을 알게 될 때
여러분은 관용하지 않을 수 없습니다.

그뿐 아니라 자기 자신도
부드럽게 감싸 안을 일입니다.

기나긴 혼의 역사 속에서 지금 이렇게 해서
폭포라면 폭포, 여울이라면 여울에
접어들고 있는
자신에게
'수고가 많구나.
지금 힘들지도 모르지만
너는 기나긴 여행 중이야.
부디 성급하게 굴지 마라.
강은 또다시 느긋하게 흘러 갈 것이다.
그때까지 초조해 해서는 안 된다.
모든 일에 대해서 관용해야 한다'
… 이런 마음을 갖는 것이 중요합니다.

다른 사람도 나처럼 커다란 흐름 속에서
혼수행을 하고 있습니다

사랑하려면 이해하라

 사랑을 하려면 기본적으로는 사람을 이해하는 것이 중요합니다. 이해했다는 것은 사랑했다는 뜻과 거의 같습니다.
 사랑하지 못하는 것은 이해하지 못하기 때문입니다. 어째서 이 사람을 사랑할 수 없을까 생각할지도 모르지만, 그것은 이해할 수 없기 때문입니다. 이해할 수 있으면 사랑할 수 있습니다.

 부부라도 배우자를 사랑하지 못하는 때가 있

는데, 그때는 상대를 이해할 수 없는 때입니다. 대개 그렇습니다. 부부간에도 서로를 이해할 수 있을 때는 사랑하는데, 이해하지 못할 때는 사랑할 수 없습니다.

남편도 아내도 각자의 입장에서 말하지만, 상대의 말을 납득하지 못하고 자신의 기분이 풀리지 않기 때문에 싸움이 되어 버립니다.

이와 같은 면이 사람에게는 있습니다. 사람은 누구나 서로 이해할 수 있으면 사랑할 수 있습니다.

대기설법(對機說法)[5]도 얼마나 사람을 이해할 수 있느냐가 중요합니다.

자신과 맞는 타입의 사람과밖에 이야기가 통하지 않는다면 진리를 이야기할 수 있는 범위가 좁아져 버립니다.

---

5) 대기설법 - 가르침을 듣는 사람의 능력과 소질에 어울리게 법을 말하는 것

사랑의 그릇을 키우기 위해 필요한 것은 이해력입니다. 사람을 이해하는 힘입니다.

　이해력은 노력하면 몸에 익힐 수 있습니다. 경험을 쌓거나 지식을 늘리면 사람을 이해할 수 있게 됩니다.

　이해할 수 있는 상대는 사랑할 수 있습니다.

　또한 자신이 이해받고 있다고 느끼는 사람은 사랑받고 있다는 것을 느끼게 됩니다.

이해할 수 있으면 사랑할 수 있습니다

남성은 타인을 평가할 때
선입관을 버리고
판단하는 습관을 길러라

　남성은 타인을 올바로 보지 않은 일이 많습니다. 선입관을 가지고 보기 때문입니다.
　많은 남성들이 '적이냐, 아군이냐'라는 사고방식으로 사람을 판단합니다. 적이라고 간주한 사람에 대해서는 다양한 형태로 짓궂은 짓을 합니다. 반대로 아군이라고 생각한 사람과는 골프나 술자리 등을 하면서 사이좋은 관계를 만들어 갑니다.

 남성은 자신에게 불리한 사람인가, 유리한 사람인가를 먼저 생각합니다. 나아가 자기 마음에 들지 않는 사람과 잘 지내는 이도 같은 적으로 여기고 거리를 두어 버립니다. '저 녀석에게는 정보를 누설하지 않겠어'라고 생각하거나 "그는 이런 짓을 하고 있습니다"라는 따위로 상사에게 말하여 그 사람을 위기에 빠뜨리려 하기도 합니다.

 남성이 가장 조심하지 않으면 안 되는 점은 바로 이 '적이냐, 아군이냐'라는 사고방식입니다. 여기서부터 많은 잘못이 시작됩니다.

 남성은 일단 적 혹은 자신에게 해로운 사람이라고 단정을 해버리면 좀처럼 그 생각을 바꾸려 하지 않습니다. 그러나 "그와 같은 판단을 하는 것은 조금 기다려라. 결론을 내는 것은 아직 빠르다"라고 말하고 싶습니다.

 상대가 현재 그와 같은 언동을 하고 그와 같은 입장에 서 있는 데는 대개 무엇인가 그럴 만한 이유가 있습니다. 그것을 이해하지 않고 적군 또는 아군이라고 가늠을 해 버리는 것은 확실히 문제가 있습니다.

일을 하는 과정에서 자신에게 적대감을 가진 사람이 있다면 '왜 그와 같이 하는가'를 연구해 볼 필요가 있습니다.

그러한 사람 중에 알고 보면 스승으로 삼아도 좋은 이도 많고, 자신의 마음을 그대로 반영하고 있는 경우도 실제로 많습니다.

어떤 사람을 보고 '저 녀석은 안 된다. 못 돼먹었다'라고 생각하면 잠시 후 상대도 거기에 상응하는 태도로 나옵니다. 그런데 '대단한 사람이다'라고 생각하면 상대도 당신에 대해 똑같이 생각합니다.

대개 사람은 첫 대면에서 그 사람의 좋은 면을 모두 이해할 정도로 큰 인식 능력을 가지고 있지 않습니다. 그러므로 그 보이지 않은 부분에 대해서는 가능성을 가진 회색으로 보지 않으면 안 됩니다.

성공을 원하는 사람이
상사와 부하를 대하는 방법

 비즈니스에서 성공하는 방법론에 관해 '상사와 부하를 대하는 방법'을 시작으로 이야기하고자 합니다.

 우선 상사를 존경한다는 것에 관해 말하고자 합니다. 상사를 존경하지 않는 사람은 비즈니스에서 성공할 수 없습니다.
 상사도 사람인지라 인간적인 결함은 있을 것

입니다. 불만스러운 면이 분명 있을 것입니다. 그러나 그렇지 않은 면도 있습니다. 그 사람이 상사가 된 것은 그를 유능하다고 판단한 이가 그 위에 있다는 것입니다.

그러므로 당신이 상사를 무능하다고 떠들고 다니면서 전적으로 하찮고 결함투성이인 인간이라고 생각한다면, 당신은 그 회사에서, 혹은 그 조직에서 성공할 수 없다고 생각해도 틀림없습니다.

상사의 좋은 면과 나쁜 면을 비교해 보고 좋은 면이 훨씬 많아 보이지 않으면 당신은 성공하기 힘들다고 생각해야 합니다.

상사를 존경하는 것과 반대 이야기가 될 수도 있는데, 부하를 사랑하지 않고 성공하는 사람도 없습니다. 그러면 부하를 사랑한다는 것이 무슨 뜻인지 아시겠습니까? 그것은 부하가 가진 좋은 면을 늘려 주는 것, 나쁜 점이 있으면 주의를 주는 것입니다.

부하는 우연한 인연으로 맺어지지만, 상사는 부하가 인간적으로도 훌륭해지도록, 앞으로도 일에서 실력을 발휘할 수 있도록, 그리하여 승진하여 꾸준히 일을 해갈 수 있도록 이끌어 주어야 합니다.

이때 가장 주의하지 않으면 안 될 것은 부하의 재능에 질투해서는 안 된다는 점입니다.

우수한 부하를 보면 쉽게 질투하는 상사가 있습니다. 어떻게 해서라도 방해를 하고 트집을 잡아보고 싶다고 생각하는 사람도 있습니다.

그런 마음으로 지내면 부하가 출세할 수 없는 것이 당연하고, 그와 같은 평가를 내리는 자신도 더는 출세할 수 없게 됩니다.

정말로 훌륭한 사람은 재능을 사랑하는 경향이 있습니다. 자신에게 없는 재능을 가진 사람을 사랑하고, 자신에게 없는 훌륭한 면을 가진 사람을 사랑하고, 그리고 그러한 것을 자신도 가지려고 노력하는 마음이 있습니다.

부하를 사랑하는 마음은 실은 자신과 다른 개성을 가진 부하를 그 개성대로 늘려 가고 싶은 것임을 의미합니다.

상사는 자기보다 뛰어난 인물을 부하로 두고 있다는 것을 자랑으로 삼을 정도의 인격을 가지지 않으면 안 됩니다. 그 정도가 되어야 비로소 당신도 출세할 수 있습니다.

적이냐, 아군이냐를
가리는 데서부터 잘못이 시작됩니다

상사를 존경하지
않는 사람은
성공하지 못합니다
우수한 부하에게
질투하는 상사는
출세할 수 없습니다

부드러움이 곧 강함이다

남성이 가정에서 모범적인 존재가 되지 않으면 안 된다는 것은 말할 나위도 없습니다.

밖에서만 훌륭하고 가정에서는 그렇지 않은 남성이라면 존경받을 자격이 없습니다. 밖에서의 일은 식구들의 협조 아래 이루어지고 있는 것이므로 그것만으로는 존경할 정도의 가치가 있는 일을 한 사람이라고는 도저히 말하기 어렵습니다.

오히려 강한 남성에게 부드러운 면이 넘쳐납니다. 강하지 않다면 진실로 부드러운 남성이 될 수 없습니다.

그 강함이란 책임감이 뒷받침되고 '이 세상에서 혼신의 힘을 다하겠다'며 일하는 과정에서 발휘되는 것이겠지요. 진정한 부드러움은 그 강함이 뒷받침하는 것임을 결코 잊어서는 안 됩니다.

남성이 부드러워지는 것은 여성화되는 일이 절대 아닙니다.

참으로 부드러운 여성이란 용기가 있는 여성이기도 합니다.

남편이 어떤 고난이나 어려움 속에 있어도 지탱하고 격려하며 위업을 이루게 하는 것은 여성의 힘입니다. 여기서 필요한 것이 용기입니다. 용기가 있어야 부드러워질 수 있습니다.

부드럽다는 것은 허약하다, 나약하다는 것이 아닙니다. 부드러움이란 반대로 인간을 강하게 만듭니다. 이것을 잊어서는 안 됩니다.

남에게 준 것은 잊고
받은 것만 기억하라

 '자신이 상대에게 준 것은 잊지 않고 지내면서 상대가 자신에게 준 것을 잊는 데'서부터 인생의 불행이 시작됩니다. '나는 이만큼 해 주었는데 상대는 아무것도 해 주지 않았다'라는 생각이 불행의 출발점입니다.

 이 '해 주었다'라는 마음속에는 인격적 미숙함이 있다는 것을 알아야만 합니다. 줄 때는

'조건 없이' 주는 것이 중요합니다.

특히 마음의 문제가 그렇습니다. 부드러움이나 배려 등 남에게 베푸는 사랑은 주기만 하는 것이며, 일방통행이라고 생각해야 합니다. 만약 사랑이 되돌아 왔다면 '득을 보았다'고 생각하면 됩니다.

세상에는 은혜를 모르는 사람이 한없이 많습니다. 그 은혜를 모르는 사람 속에는 다름 아닌 자신도 들어 있다는 것을 잊어서는 안 됩니다.

'나는 스스로 길을 개척해 왔다'고 생각할지 몰라도 그 도중에는 수많은 사람들에게 혜택을 받은 사실이겠지요. 부모님, 선생님, 친구, 회사의 상사나 동료 등에게 받은 따뜻한 사랑을 잊고 지내면 안 됩니다. 그렇지 않으면 "남들은 나에게 아무것도 해 주지 않았다. 나는 그토록 많은 것을 해 주었는데 기르는 개한테 손을 물렸다(호랑이를 키웠다)" 따위의 발언을 하게 됩니다.

'남한테 해 준 것을 기억하는 사람일수록 자신이 남한테 받은 것을 잊어버리기 쉬운 법'입니다.

중요한 것은 '타인에게 무엇인가를 해 줄 때는 주기만 하고 그것을 잊어버리고, 반대로 받은 것은 오래 기억해 두었다가 감사의 표현을 하는 것'입니다.

기브 앤드 테이크(give and take : 무엇인가를 주고 받음)와 같은 사고방식의 문제점은 '압도적인 선념(善念)'이 부족하다는 것입니다. 그것은 '자신의 행복감이 타인의 평가에 의해 좌우될 만큼 작다'는 것입니다. '상대에게 조그만 것을 주고 나서 무엇인가를 돌려받고서야 비로소 만족할 수 있는 정도라면 조그마한 선의나 행복밖에 가지고 있지 않다'는 것입니다.

그러나 자신에게 더더욱 선의가 흘러 넘치고 더더욱 행복이 흘러 넘친다면 그 행복감으로 모든 것을 그냥 흘러가게 할 수 있을 것입니다.

왜 무한한 선의(善意), 무한한 행복을 낼 수 없는 것일까요? 왜 솟아나는 샘물과 같은 무한한 에너지가 나오지 않는 것일까요?

대자연을 보십시오. 샘에서는 끝없이 물이 솟아납니다. 산속에는 샘이 여러 개 있지만, 단돈 10원이라도 받는 샘이 있는지요?

하늘에 뜬 태양은 사람에게 무엇인가로 보답을 받고 싶다고 말하고 있을까요? 단돈 10원이라도 받고 싶다고 말하고 있을까요? 전력 회사는 무료로 전력을 공급해 주지 않지만, 태양은 무료로 열과 에너지를 무한하게 모든 만물에게 주고 있습니다.

살아 있는 인간에게 '태양처럼 되라'고 말하기는 무리이지만, 자연에는 그러한 일이 많이 있습니다. 또 거기에 부처의 마음도 있습니다.

STEP 06

앞으로 나아가는 용기를 가져라

산뜻하게 사는 방법

 사람이 산뜻하게 살고 있다고 말할 수 있는 때는 언제입니까? 그것을 위한 조건을 알아 보겠습니다.

제1의 조건 : 마음의 깨끗함
 우선 '마음의 깨끗함'을 들고자 합니다.
 현대는 마음이 깨끗한 사람을 보기 힘듭니다. 자기 합리화나 변명을 잘하고 좀처럼 반성을 하지 않으며, 대단히 자기 변호가 심해진 것이 현대인의 특징입니다.

자신이 자기 합리화나 변명을 하는 경향이 강해졌다고 느껴질 때는 마음의 깨끗함을 생각하십시오.

인간에게는 실패가 따르기 마련인데, 실패했을 때 그것을 깨끗하게 인정하는 것은 혼이 전진하기 위한 방법입니다. 실패했을 때 마음의 깨끗함이 없으면 그 다음 단계로 좀처럼 내디딜 수 없습니다.

제2의 조건 : 보답을 바라지 않는 태도

많은 사람들에게 나누어 주고도 보답을 바라지 않는 사람은 정말로 드뭅니다. 우리는 그러한 사람이 되자고 생각해야 합니다.

아침에 "안녕하세요"라고 인사하며 사람들의 가슴에 꽃을 꽂아 넣고 쓱 지나가는 인격을 지향해야 합니다. 언제나 이것을 명심하고 있으면 이윽고 바람처럼 자연스럽게 지나갈 수 있는 성격을 가질 수 있습니다. 부디 노력하십시오.

제3의 조건

① 생명의 유한성을 깨닫는다

자신의 생명을 어느 의미에서는 유한한 것으로, 또 다른 의미에서는 무한한 것으로서 깨달아야 합니다.

약간 선문답(禪問答)과 같은 설명인데, 생명이 유한하다란 것은 지금 살아 있는 인간은 빠르면 몇 년 이내에, 늦으면 몇 십 년 뒤에 지상을 떠난다는 것을 뜻합니다.

지금 살아 있는 사람 중에는 100년 후에도 살아 있을 이가 거의 없습니다. 자신은 물론 가족이나 친척, 이웃도 한 사람도 남김없이 죽게 되어 있습니다. 모두 죽어 간다고 생각하면 주위 사람들이 불쌍하게 보일 것입니다. 결국 자신도 몇 년, 몇십 년 후에는 죽게 되며, 이 지상을 떠나게 됩니다.

그런데 행복의 과학은 죽은 뒤에는 내세(來世)가 있다고 보증하고 있습니다. 지상을 떠나지 않으면 안 되는 이상 사람들의 마음속에 무엇인가 산뜻한 것을 남기고 싶다고 바라는 것이 당연하지 않겠습니까?

② 생명의 무한성을 깨닫는다

생명이 무한하다란 것은 인생을 얼마든지 다시 시작할 수 있다는 의미입니다. 이것은 대단히 큰 사랑입니다.

사후 내세에서 지옥에 떨어지는 것은 괴로운 일이며 무서운 일입니다. 그러나 지옥에 떨어져도 혼이 소멸당하는 일이 없다는 것은 고마운 일입니다.

더구나 지옥에서 몇 백 년인가 수행하면 천국에 돌아갈 수 있습니다. 그리고 다시 한 번 지상에 태어나는 기회가 주어집니다.

인생이 한 번 뿐이며 돌이킬 수 없다고 생각하면 바둥바둥 힘든 삶을 살지도 모르지만, 다시 한 번, 나아가서는 2번, 3번, 4번, 5번, 6번……이라는 식으로 다시 시작할 기회는 몇 번이나 있음에 희망이 있습니다.

종교적으로는 전생윤회를 단순한 고통으로만 생각하는 견해도 있는데 '이렇게까지 실패만 하고 있는데 혼을 소멸하지 않고 살려 주고 계시니 고마운 일이다' 라고 달관하는 것도 중요합니다.

 이러한 마음을 가지고 있으면 산뜻하게 살지 않을 수 없게 됩니다.

조건을 달지 말고
건설적인 씨앗을 뿌리라

 여러분 상상해 보세요.
 여러분 앞에 있는 사람이 밝고 적극적이고 건설적이며 희망에 불타 있다면 비록 그 사람이 과거에 병이 있었거나 실업자가 되었거나, 진학이나 졸업, 사업에 실패했다고 해도 그런 것을 묻는 사람이 얼마나 있겠는지요?
 과거의 그림자를 질질 끌고 지낸다면 불행한 사람입니다.

과거의 그림자를 버리고, 지금은 밝고 적극적이고 건설적이며 희망과 의욕에 가득 차서 살고 있다면 행복한 사람 그 자체가 아닐까요?

아침에 눈을 떠서는 '잘 일어났다. 오늘 하루도 노력할 거야. 나이를 먹는 따위는 조금도 두렵지 않아. 죽을 때까지 일을 할 거야. 세상을 위해 일을 할 거야. 주위 사람들을 행복하게 하겠어'라고 생각하는 사람으로 세상이 가득 차 있다면 어떨까요?

아니, 적어도 자신만이라도 그러한 사람이 된다면 "세상에 있는 불행을 하나 지워 없앴다"라고 말해도 좋을 것입니다. 그것은 실현 가능한 일입니다.

밝고 행복한 생각을 하기만 해도 정말로 밝고 행복한 인생이 열리게 됩니다.

밝고 행복한 인생을 살기 위해서는 스스로 마음대로 조건을 붙여서는 안 됩니다. 이런 환경이 되어야 나는 행복해진다고 하는 조건을 붙여서는 안 됩니다.

'돈이 1억 원 있으면 행복해질 거야. 좋은 곳에 취직할 수 있으면 행복해질 거야. 좋은 사람과 결혼하면 행복해질 거야. 좋은 학교를 졸업하면 행복해질 거야.' 라는 조건을 붙이는 마음은 올바른 생각이 아님을 알아야 합니다.

그와 같은 조건에 관계없이 스스로 인생을 밝게 펼쳐 가려 하는 사람 앞에는 훌륭한 인생이 펼쳐집니다.

'용기를 가지고 밀림을 개척하려는 마음'을 가져야만 합니다. 그러한 사람이 있어야만 훌륭한 신세계가 열립니다.

결코 조건을 붙여서는 안 됩니다. '이런 조건만 있다면, 이것만 없다면' 이라는 사고방식을 버리고 오늘부터 '안녕'을 이야기합시다. 오늘부터는 '이것이 부족하기 때문에 행복해질 수 없다'고 하는 이유는 말하지 않기로 합시다. 변명은 그만둡시다. 푸념하는 것을 그만둡시다.

푸념을 해서 나아진 사람은 아직 한 명도 없습니다. 푸념을 해서 행복해진 사람도 아직 전혀 없습니다.

푸념을 하면 자기 마음에도 독이 모이고 그 푸념을 들은 사람도 어두운 기분이 됩니다. 푸념은 독과 같습니다. 2중, 3중, 4중이 되어서 다른 사람들을 괴롭혀 갑니다.

따라서 일단은 푸념을 하지 말아야 합니다. 그러나 푸념을 하지 않는 것으로는 충분하지 않습니다. 푸념 대신 마음속에 밝고 건설적인 씨앗을 뿌려야 합니다. 그러면 훌륭한 꽃이 필 것입니다.

푸념을 해서 좋아진 사람은 아직 한 명도 없습니다

STEP 07

자신을 바꾸어
빛나는 사람이 되라

늘 긍정적인 이미지를 가져라

석존도, 소크라테스도, 마르크스 아우렐리우스도, 근대에는 에머슨 등의 철인이나 심리학자 윌리엄 제임스도 이구동성으로 다음과 같이 말하고 있습니다.

"인간은 그 사람이 생각하는 대로의 존재다.
당신은 매일 어떤 것을 생각하고 있는가?
당신이 되풀이 생각하는 것, 느끼는 것이 당신 자신이다.

복장이나 겉모습 등은 관계가 없다.
이력서를 봐도 당신이 누구인지는 모른다.
사람은 그 사람이 생각하는 대로의 인간이 된다."

영계(靈界)에 가면 그 말대로입니다.
영계에는 '생각' 밖에 없습니다. 영계의 존재는 생각 그 자체가 됩니다. 영계에서 인간은 생각하는 대로의 존재가 됩니다. 그 생각이 이 세상에서는 시간을 거쳐서 실현되어 갑니다.

즉 당신이라는 인간은 당신이 자신을 평가하고 생각하는 대로의 인간입니다.

'나는 나팔꽃이다' 라고 생각하는 씨앗은 나팔꽃을 피우고, '나는 수박이다' 라고 생각하는 씨앗은 수박을 맺습니다.
미래가 긍정적인가 부정적인가,
낙관적인가 비관적인가,

행복한가 불행한가는
당신 '마음의 씨앗'에 달렸습니다.

미래에 행복하고 싶다면
긍정적인 씨앗을 마음속에 뿌리고
길러야 합니다.
그 씨앗을 기르려면 이것을 늘 되풀이하여
생각해야 합니다.

비관적인 상념에 질 것 같은 때는
거기에 지지 않을 만큼 긍정적인 상념을
자가발전(自家發電)하지 않으면 안 됩니다.
그것은 기력을 내는 일이며 노력하는 일입니다.
그리고 오늘 할 수 있는 일을 하고
내일의 희망을 생각하는 것입니다.

마이너스의 사고방식에 지배될 것 같이 되었다면

그것과 싸우는 플러스 사고방식을 가지는 일,
적극적으로 대처하는 일이 중요합니다.
인간은 마음속에서
모순되는 두 가지를 동시에 생각할 수 없습니다.
웃으면서 슬픈 이야기를 할 수도 없고,
슬픈 얼굴로 눈물을 흘리면서
즐거운 이야기를 할 수도 없습니다.

그래서 마음속을 차지하는 것이
도대체 무엇인지가 대단히 중요합니다.

긍정적인 자기상(自己像)을 가지고
'내가 더 발전하고 성공하여
세상에 도움이 되고 행복해지는 것이
주위 사람들도 행복하게 만드는 것이다' 라는 영상을
늘 계속 제대로 그려야 합니다.

비록 부정적인 상념에 질 것 같이 되어도
용기를 내어
긍정적인 상념을 가지지 않으면 안 됩니다.
그것을 이 세상에서 할 수 있다면
저 세상에서도 할 수 있습니다.

그것은 인생에서 승리 그 자체라고 말할 수 있습니다.
'사고방식은 대단히 강한 힘을 낳는다'는 것을 배우면 다행입니다.

사고방식은 대단히 강한 힘을 낳습니다

'아임 파인'인 사람이 되기 위한 말

- 근심하지 말고 살아갑시다
- 고뇌의 씨앗은 자신을 기르는 씨앗입니다
- 인생은 결국 자신과의 싸움입니다
- 인생을 괴로워하거나 헤매는 대부분 이유는 마음이 흔들리는 데서 기인합니다
- 작은 것에 연연해 하지 않는 사람은 구를 때마다 커져 가는 눈사람처럼 자라납니다
- 천명(天命)에 가장 걸맞은 것 가운데 자신을 찬란히 빛내는 일을 찾으십시오
- 완벽한 인생이 아니라 보다 나은 인생을 살아야 합니다
- '행복을 선택하고 싶다'는 마음을 가지십시오
- 행복이나 불행은 자신의 마음이 만들어내고 있습니다
- 나에게도 참 좋은 면이 있음을 확신하십시오
- 칭찬 노트를 적어 보십시오
- 체력이 약하면 만사를 비관적으로 판단하게 됩니다
- 문제라고 보이는 것은 실은 자신의 카르마에 지나지 않습니다

- 부처는 사람이 감당하지 못할 문제는 주지 않습니다
- 자신을 객관적이면서도 전체적으로 분석하여 좋은 결과를 낼 수 있도록 강구하십시오
- 어려움을 해결하는 동시에 언제나 새로운 길을 열어 두십시오
- 슬럼프를 극복하는 가장 좋은 방법은 다른 사람들을 기쁘게 하는 가운데 있습니다
- 다른 사람도 나처럼 커다란 흐름 속에서 혼수행을 하고 있습니다
- 이해할 수 있으면 사랑할 수 있습니다
- 적이냐, 아군이냐를 가리는 데서부터 잘못이 시작됩니다
- 상사를 존경하지 않는 사람은 성공하지 못합니다 우수한 부하에게 질투하는 상사는 출세할 수 없습니다
- 진정한 강함은 부드러움이 뒷받침되어야 합니다
- 남에게는 주기만 하고 그것을 잊어버리십시오
- 생명의 유한성과 무한성에 대해 깨달으십시오
- 푸념을 해서 좋아진 사람은 아직 한 명도 없습니다
- 사고방식은 대단히 강한 힘을 낳습니다

후기

 본서는 부드러운 말로 설한 인생 성공론이며 온 세상 사람들이 행복하게 살아가도록 하는 인생의 기본 교과서입니다.
 가난한 사람, 병든 사람, 인간관계에서 분쟁으로 상처받은 사람, 불안이나 고뇌 속에 있는 사람 등 모든 사람들이 읽어 주셨으면 합니다.
 이 책은 종교와 종파를 초월한 현대판 성서이자 불전(佛典)이며, 인생학(人生學)이자 인생도(人生道)입니다.

억만 명의 사람들에게 이 가르침이 닿기를. 깊고 깊이, 강하고 강하게 염원합니다.
이 책을 읽는 모든 이들이 자신의 개성을 발휘하며 웃는 얼굴이 아름답고 산뜻한 사람들이 되어 밝은 미래를 개척할 수 있도록 기도합니다.

행복의 과학 총재 오오카와 류우호오(大川隆法)

오오카와 류우호오 총재 소개

'행복의 과학' 총재.

1956년 7월 7일생. 도쿄대학(東京大學) 법학부 졸업 후 일본 대규모 종합상사에 입사, 뉴욕 본사에 근무하면서 벨리츠 뉴욕 학교에서 상급 어학 연수 수료 후 뉴욕 시립대학 대학원에서 국제금융론을 공부하였다.

1981년 3월 23일, 큰 깨달음을 얻고 같은 해 7월에는 인류 구제를 위한 커다란 사명을 자각하였다. 1986년 10월에는 불법진리전도기관인 '행복의 과학'을 설립(1991년 3월에 일본에서 종교법인격을 취득)하였다.

1991년에는 영국 「피낸셜 타임즈」 등에 '일본의 새롭고 위대한 종교가'로 소개되었다. 「태양의 법」, 「황금의 법」, 「영원의 법」, 「생명의 법」, 「감화력」, 「청춘의 원점」, 「성공의 법」 등 저서가 500권을 넘었으며, 대다수가 일본에서 베스트셀러, 밀리언셀러가 되었다. 저작을 원작으로 하는 영화 제작 총지휘도 착수하여 '영원의 법 The Laws of Eternity' (2006년) 등 5개 작품은 모두 일본 전국에 일제 상영하여 대히트하였다. 저서는 영어, 한국어, 독일어, 불어, 포르투갈어, 중국어 등 수많은 외국어로 번역되어 전 세계 다수 독자들이 읽고 있다.

아임 파인
I'm Fine!

2008년 12월 10일 제1판 1쇄 발행

지은이/오오카와 류우호오
펴낸이/강선희
펴낸곳/가림출판사

등록/1992. 10. 6. 제4-191호
주소/서울시 광진구 구의동 57-71 부원빌딩 4층
대표전화/458-6451 팩스/458-6450
홈페이지/www.galim.co.kr
전자우편/galim@galim.co.kr

값 8,000원

ⓒ 오오카와 류우호오, 2008

저자와의 협의하에 인지를 생략합니다.

불법복사는 지적재산을 훔치는 범죄행위입니다.
저작권법 제97조의 5(권리의 침해죄)에 따라 위반자는 5년 이하의 징역
또는 5천만 원 이하의 벌금에 처하거나 이를 병과할 수 있습니다.

ISBN 978-89-7895-309-2 13320

가림출판사・가림M&B・가림Let's의 홈페이지(http://www.galim.co.kr)에 들어오시면 가림출판사・가림M&B・가림Let's의 신간도서 및 출간 예정 도서를 포함한 모든 책들을 만나실 수 있습니다.
온라인 서점을 통하여 직접 도서 구입도 하실 수 있으며 가림 홈페이지 내에서 전국 대형 서점들의 사이트에 링크하시어 종합 신간 안내 및 각종 도서 정보, 책과 관련된 문화 정보를 받아보실 수 있습니다.
또한 홈페이지 방문시 회원으로 가입하시면 신간 안내 자료를 보내드립니다.